말씀 체질

말씀 체질

30일 투자로, 성경 체질로 개선하기

초판 1쇄 인쇄 2023년 2월 20일
초판 1쇄 발행 2023년 2월 25일

지은이 | 최진용
펴낸이 | 김태희

펴낸곳 | 파밀리아
등 록 | 제232-96-01481호
주 소 | 부산광역시 북구 상리로 86, 107동 102호
전 화 | 010-8220-4625
이메일 | yeeeeeeeeee@hanmail.net

디자인 | 참디자인

ISBN 979-11-981759-0-7 (03200)

* 이 책은 신저작권법에 의하여 국내에서 보호를 받는 저작물입니다.
출판사의 협의 없는 무단 전재와 무단 복제를 엄격히 금합니다.
* 책값은 뒷표지에 있습니다.
* 잘못된 책은 교환하여 드립니다.

30일 투자로,
성경 체질로 개선하기

말씀
체질

최진용 지음

파밀리아

서문

·······

모태신앙으로 태어났지만, 성경을 제대로 읽지는 않았다. 우연히 성경통독 모임에 참여하게 되었는데, 그때 비로소 알게 되었다. 내가 성경을 전혀 모르고 있다는 것을. 그때가 스무살이었다.

전도사 시절에는 다음과 같은 목표를 세웠다. 성경 모든 장을 설교하기로. 20년 동안 그 목표를 향해 달려왔다. 비로소 작년에 그 목표를 이루었다.

말씀 중심 사역을 하면서, 한 가지 패턴을 보았다. 대부분의 성도가 새해가 되면 성경 일독을 계획한다. 그리고 한두 달이 지나면 포기한다. 그리고 다시 새해가 오기를 기다린다. 마치 새해가 되어야만 성경을 다시 읽을 수 있는 것처럼.

그래서 필자는 성경 읽기가 중단된 성도들을 대상으로, 30차례의 설교를 했다. 주로 성경을 다시 읽을 수 있도록 동기를 부여하는 내용과 성경을 어떻게 읽어야 하는지에 관한 내용이었다. 이 책은 그

설교를 엮은 것이다.

이 책은 성경을 다시 읽어야 하는 이유를 찾아가는 여정이다. 그리고 우리의 체질을 말씀 체질로 바꾸어 가는 과정이다. 한 사람이라도 이 책을 통해, 성경을 다시 읽게 된다면, 그리고 말씀 체질로 바뀌게 된다면, 이 책은 그 소임을 다한 것이다.

23년 1월 29일. 명지에서

목차

·······

몸풀기

모든 운동에는 갖춰야 할 장비가 있다. 나는 배드민턴을 치다 말다 하고 있다. 일단 배드민턴 라켓을 사야 하고, 셔틀콕을 사야 하고, 배드민턴 전용 운동화를 사야 하고, 거기에 걸맞은 옷을 사야 한다. 그리고 이 모든 것을 넣고 다녀야 하는 간지 나는 가방도 사야 한다. 머리 띠, 팔목 밴드, 양말 등은 옵션이다. 실력은 없지만 일단 좋은 장비를 갖춰야 돈이 아까워서라도 계속 배드민턴을 치게 된다.

나에게 맞는 성경책 고르기! 휴대성을 따지지 말고, 가독성을 따져보라! '가독성'은 글의 내용과는 별개이고, 글자의 크기나 글씨체, 편집형태가 얼마나 읽기 좋게 되어 있는지를 나타낸다. "그 성경책이 그 성경책이지"라고 할지 모르겠지만, 일단 서점에 가보라! 수십 가지의 다양한 성경책이 꽂혀있다.

나는 꽤 오랫동안 '노트 성경'(여백이 있어 필기할 수 있는 성경)을 사용했다. 노트 성경의 종류만 해도 네다섯 가지는 넘는다. 지금은 노안으로 인한 급격한 시력 저하로 예전에 할아버지 목사님들이 보시던 어마 무시하게 큰 성경책, 강대상에 장식용으로 펼쳐놓는 바로 그 성경책을 사용한다. 물론 휴대성은 꽝이다. 오로지 가독성 때문에 이 성경을 사용한다.

성경책을 골랐다면 그 다음으로 해야 할 일이 있다. 필기도구와 메모지를 사야 한다. 이 장비 역시 매우 중요하다. 나는 개인적으로 연필을 많이 사서 밑줄을 연하게 그으면서 읽는다. 그리고 연필깎는 시간을 줄이기 위해 성경책 바로 옆에 전동 연필깎기를 둔다. 그러니까~ 밑줄을 주~욱 긋다가 연필심이 닳으면 바로 '지~잉'하고 뾰족한 연필로 깎는데 1초도 안걸린다. 요즘은 이 재미에 맛들려서 연필을 빨리 깎고 싶어서 연필심을 조금 꾹~ 눌러서 밑줄을 긋는다. 이것도 소소한 재미이다.

성경은 단지 눈으로만 읽는 것이 아니다. 엉덩이를 의자에 딱 붙이고 앉아 있어야 해서 푹신한 의자와 방석도 갖춰야 할 필수 아이템이다. 눈이 아플 수 있기에 자신의 시력에 맞는 안경도 있으면 훨씬 좋고(뭔가 집중되는 느낌적인 느낌), 또 그때 그때 주어지는 생각들을 기록하는 것이 성경 읽기에 활력을 불어 넣어준다.

나에게 맞는 성경책과 필기구를 사는 것은 지금 당장이라도 할 수 있는 일이다. 그리고 해야 할 일이 또 있다(원래 모든 일이 준비과정이 절반이 아닌가?). 집중할 수 있는 공간과 시간이 필요하다. 그 누구에게도 방해받지 않는 공간과 시간이 있어야 한다. 공간이 없으면 시간을 바꿔야 한다. 가족들 모두가 잠든 시간, 아무도 나를 찾지 않는 시간, 하루 24시간 중 가장 정신이 맑아지는 시간이 필요하다.

성경은 취미, 교양, 선택사항이 아니라 필수과목이다. 쓰고 남는 시간이 아니라 미리 준비된 시간이 필요하다. 이것이 결정적인 차이라고 할 수 있다. 요즘은 식당도, 헤어샵도, 영화관도 예약이 필수이다. 시간을 미리 정하고 약속하는 것은 상대방을 존중한다는 마음의 표현이다. 정해진 시간과 장소에서 성경 읽기를 예약하라!

목표의 하향평준화

이제 성경 읽기를 위한 장비를 갖추었다. 내가 배드민턴 장비를 하루 만에 다 갖추고 처음 배드민턴장에 갔던 날을 잊을 수 없다. 아래 위로 훑어보며 "저 사람은 배드민턴을 좀 치나?" 판단하는 듯했다. 아니나 다를까? 내가 완전 초보라는 것을 알고는 나와 배드민턴을 쳐 주는 사람이 없었다. 싸늘했다. 어색했다. 계속할 수 있을까? 아 장비값. 그런데 저 멀리서 나를 부르는 코치님의 다정한 소리 "회원님... 이리로 오세요" 나의 손을 잡아주며 자세하게 라켓 쥐는 법부터 알려준 그 분이 그립다.

성경은 말 그대로 책이다. 책은 읽어야 한다. 우리 몸에는 근력이 있다. 근력에 따라 운동하는 시간과 강도가 달라진다. 팔굽혀 펴기 한 두 개 하는 사람에게 50개를 요구하면 그날로 운동은 끝이다. 평생 성경을 멀리하고 살아온 사람이, 하루 100장의 목표를 세운다면, 작심삼일의 함정에 걸리게 된다. 해서 나의 독서력을 파악하는 것이 중요하다.

일단 이사야서를 펼쳐보라! 그리고 자신의 스타일대로 읽어보라! 집중해서 읽을 수 있는 시간을 측정해보라(머리가 지끈거려서 더 이상 글이 눈에 들어오지 않을 때까지). 그리고 몇 장까지 읽었는지도 측정해보라!

컨디션에 따라 다르겠지만 측정된 시간과 장수보다 20% 정도 하향 평준화 시킨 것이 자신의 분량이다.

지금 당신에게 필요한 것은 하루에 100장이라는 성과가 아니라 성경 읽기 트라우마를 지울 성취감이다. 좀 더 읽을 수 있을 것 같아도 하향평준화 된 목표치 만큼만 읽고, 차라리 힘이 남으면 그 분량을 좀 더 묵상하거나 반복해서 읽을 것을 추천한다.

삼일절을 추천한다. 삼일에 한절 읽는다고 해서 삼일절이다. "우리를 너무 과소평가하는 것 아니냐?"고 반문할지 모르지만, 성경 읽기는 단번에 끝내는 공무원 시험이 아니라 평생 먹는 집밥 같은 것이다. 과식, 폭식보다는 조금씩 자주 먹는 것이 좋다. 삼일절을 지나, 1일 1장, 1일 1책으로 범위를 확대해나가면 된다.

거꾸로 읽기를 추천한다. 새해를 맞이할 때마다 창세기부터 읽다가 결국 출애굽도 못하거나 레위기에서 멈춰버린 당신, 창세기만 100번 이상 읽었는지도 모른다. 해서 단 한 번도 읽어보지 못했던 요한계시록부터 한두 구절씩 읽어나가다 보면 새로운 흥미가 생길 수도 있다.

어찌됐든 본인이 설정한 목표치를 읽고 매일매일 체크 리스트에 표시 하면서 성취감을 가져보기를 바란다. 성경 읽기 실패에 대한 좌절감, 패배감이 치유되길 바란다.

3 일차

성경이 어렵다는 편견 제거하기

모든 것은 믿음에 달려 있다. 우리의 구원도 나의 행위가 아니라 믿음에 달려 있다. 우리는 무엇을 믿는가? 나의 왜곡된 감정을 믿는 것이 아니라 변함없으신 하나님의 말씀을 믿는다. 그동안 가졌던 성경이 어렵다는 편견, 오해, 선입견들을 제거해야 한다. 무엇으로? 믿음으로!

> 내가 오늘 네게 명령한 이 명령은 네게 어려운 것도 아니요 먼 것도 아니라(신 30: 11)

나는 아마도 이 구절을 수천 번은 더 봤을 것이다. 나 역시 성경이 어렵다고 생각했기 때문이다. 성경자체를 이해하는 것은 어렵지 않다. 해석이 다양하고 어려운 것이지, 아브라함 이야기, 다윗 이야기, 예수님 이야기가 뭐가 어려운가? 해서 하나님은 성경만 주시지 않고, 성경 해설자를 우리에게 주셨다.

그가 어떤 사람은 사도로, 어떤 사람은 선지자로, 어떤 사람은 복음 전하는 자로, 어떤 사람은 목사와 교사로 삼으셨으니(엡4:11)

우리는 매주 목사님들을 통해 설교를 듣는다. 바로 이 시간이 성경을 해석해주는 시간이다. 우리는 예배를 통해 이미 성경 해석을 배운 것이다. 이미 성경 해석에 관한 수많은 서적과 자료들이 홍수처럼 쏟아져 나오고 있고, 유튜브를 틀면 입맛대로, 취향대로 목사님들의 설교를 통해 성경에 대한 다양한 해석을 들을 수 있다.

하나님도 성경 해석이 어렵다는 것을 아셨기에 전문적인 목회자, 신학자를 두신 것이다. 그렇다고 해서 목회자와 신학자만 성경을 해석할 수 있는 것은 아니다. 성경을 읽는 행위 자체가 각자의 해석을 수반하는 것이기에 우리 역시 '성경 해석자'이다.

누군가는 이렇게 말한다. "인생은 짧고 성경은 두껍다." 그렇다. 1189장이나 되는 방대한 분량에 기가 눌려서 어렵게 느껴질 수 있다. 그런데 요즘 청소년들의 참고서를 보면 성경책은 두꺼운 것도 아니다. 매번 다른 내용을 읽으라는 것이 아니고 같은 내용을 읽으라는 것이다. 단시간에 읽으라는 것이 아니고 한평생 읽으라는 것이다. 따라서 크게 부담가지지 않아도 된다. 우리는 그저 우리의 분량대로 하루하루 밥 먹듯 읽어나가면 된다.

성경을 먹어보라

성경에는 말씀을 먹는다는 표현이 종종 등장한다. 내가 좋아하는 예레미야서 말씀이 대표적이다.

> 만군의 하나님 여호와시여 나는 주의 이름으로 일컬음을 받는 자라 내가 주의 말씀을 얻어 먹었사오니 주의 말씀은 내게 기쁨과 내 마음의 즐거움이오나(렘 15:16)

먹는 것이 어려운 사람이 있겠는가? 단지 아직까지 말씀의 진정한 맛을 알지 못했을 뿐이다. 필자의 아내는 원래 회를 못 먹는 사람이었다. 그런데 회 킬러인 나와 20년 가까이 살다 보니 지금은 회 킬러가 되었다. 그리고 하는 말. "여보! 어떡하지 회 맛을 알아버렸어!" 그렇다. 맛을 알게 되면 먹지 말라고 해도 찾아서 먹게 된다.

> 주의 말씀의 맛이 내게 어찌 그리 단지요 내 입에 꿀보다 더 다니이다(시 119:103)

물론 음식이 매일 맛있을 수 없듯이 성경읽기가 매일 좋을 수는 없다. 우리가 아침 마다 먹는 밥이 맛있어서 먹는가? 살려고 먹는 것이다. 사람이 밥을 먹어야 살 듯이 우리는 매일 하나님의 말씀을 읽어야 생존할 수 있다. 때론 살기 위한 사명감으로 말씀을 먹어야 한다.

> 내가 천사에게 나아가 작은 두루마리를 달라 한즉 천사가 이르되 갖다 먹어 버리라 네 배에는 쓰나 네 입에는 꿀 같이 달리라 하거늘 내가 천 사의 손에서 작은 두루마리를 갖다 먹어 버리니 내 입에는 꿀 같이 다나 먹은 후에 내 배에서는 쓰게 되더라(계 10:9-10)

우리가 매일 단 음식만 먹을 수 있겠는가? 몸에 좋은 약은 입에 쓰다는 말처럼 성경 안에도 축복의 말씀과 더불어 저주의 말씀이 있고, 사랑과 칭찬의 말씀과 더불어 책망과 징계의 말씀도 있다. 내가 좋아하는 요절만 뽑아서 읽는 요절주의를 요절내야 한다.

우리가 부모님으로부터 심심치 않게 들었던 말이 무엇인가? "골고루 먹어라, 편식하지 마라" 아닌가? 그렇다. 성경은 총 66권이다. 이 모든 것이 하나님의 말씀이요! 생명의 양식이다. 우리는 단 말씀뿐만 아니라 쓴 말씀도 먹어야 한다. 모두가 우리에게 양약이 될 것이다. 성경 읽는 것이 지루하다고? 읽지만 말고 먹자. 먹고 그 맛을 알자.

어떻게 먹을까 ?

라면을 끓이는 방법은 다양하다. 고기와 야채를 잔뜩 넣는 전통적인 방법이 있는 반면, 라면으로 피자와 파스타를 만드는 현대적인 방법도 있다. 성경 읽기 방법도 마찬가지다.

한때 성경통독의 바람이 세게 불었다. 성경일독은 성에 차지 않는지, 성경100독 사관학교가 생겼고, 속독법을 위한 세미나가 유행했으며, 심지어 전 세계에서 성경을 가장 빨리 읽는 전문 낭독사의 녹음파일이 암암리에 돌고 돌았다. 그러다가 최근에는 '슬로리딩'이라고 해서 한 권의 책을 천천히, 깊게, 여러 번 읽는 독서법이 유행하고 있다.

내가 성경 읽기 방법에 대해 말하는 이유는 한번 익숙해진 독서법은 잘 바뀌지 않기 때문이다. 나는 성경통독 테이프를 늘어질 때까지 들었던 세대이다. 그래서 성경을 다독하게 되었고, 성경의 숲을 보게 되었다. 성경 전체의 흐름과 패턴을 익히게 되었다. 그러다 보니 성경을 세밀하게 보는 것, 성경의 나무를 보는 것이 쉽지 않았다.

나의 경험에 비추어 말한다면 1년에 한두 차례는 단기간 내에 빠르게 읽는 통독을 권한다. 이 방법은 단숨에 성경 전체를 조망할 수 있다는 장점이 있다. 하지만 놓치는 것이 많다는 점이 단점이다. 우리가 밥을 빨리 먹으면 체하듯이, 일상적으로는 조금 천천히, 앞에서 말했듯이 나의 독서력에 맞춰서 읽는 것이 좋다.

성경 읽기는 졸업이 없다. 밥은 언제까지 먹어야 하는가? 죽을 때까지 먹어야 한다. 더 이상 먹지 못할 때가 죽는 날이다. 그렇다. 성경 읽기가 중단되는 그날이 내가 죽는 날이라고 생각하면 된다.

필자는 다음과 같은 방법으로 성경을 읽고 있다. 개별적인 내용은 뒤에서 차차 설명하겠다.

1독	성경 묵상 자세 잡기
2독	반복되는 내용 파악하기
3독	성경의 맥 잡기
4독	하나님 나라 관점으로 성경 보기
5독	구속사 관점으로 성경 보기
6독	언약 관점으로 성경 보기
7독	구약과 신약을 연결해서 보기
8독	배경을 생각하며 보기
9독	성경과 교리를 연결해서 보기
10독	자신의 언어로 성경 정리하기

6 일차

빠르게 더 빠르게

성경 속독은 유익하다. 한 번 읽었다는 성취감과 나도 할 수 있다는 자신감을 심어주기 때문이다. 성경의 나무를 보지 못하는 단점이 있지만, 그럼에도 불구하고 속독은 참으로 유익한 성경 읽기 방법이다. 성경 통독을 한 번도 하지 않은 사람이라면, 속독부터 시작할 것을 추천한다.

시중에는 속독을 도와주는 수십 가지의 참고서가 있다. 속독은 성경 읽기의 준비운동 같은 것이기에, 최대한 단기간에 할 수 있는 교재를 선택하는 것이 좋다. 40일 통독이 무난하다.

성경을 속독으로 읽더라도, 개론을 이해하는 것은 필수적이다. 예를 들어 창세기 개론은 다음과 같다. 창세기는 50장으로 되어 있고, 크게 두 부분으로 나누어진다. 1-11장은 4대 사건, 12-50장은 4대 인물이다. 좀 더 세분화하면 4대 사건은 창조, 타락, 심판, 바벨탑을 말하고, 4대 인물은 아브라함, 이삭, 야곱, 요셉을 말한다. 이런 식으로 문단을 나누고, 개론적인 정보를 익힌 다음에 성경을 속독해야 한다.

이렇게 읽다 보면 5일 차에 소개했던 '10독 플랜'이 어렴풋이 보일 것이다. 그렇게 윤곽을 잡으면서 준비운동을 하면, 비로소 성경 읽기 실전에 들어갈 준비가 끝난 것이다. 자 그러면 '야매 성경 읽기 테스트'를 하겠다. 만점은 10점이다.

성경 읽기 자가진단 테스트

1 나의 성경읽기는 몇 점인가?
2 어떤 상태인가?
3 희망하는 점수는 몇 점인가?
4 어떤 상태인가?
5 희망하는 점수가 되면 어떨 것 같은가?
6 희망하는 점수가 되기 위해서는 어떻게 해야 할 것 같은가?
7 희망하는 점수에 도달하는데 있어서 방해가 되는 내적인 요소는 무엇인가?
8 희망하는 점수에 도달하는데 있어서 방해가 되는 외적인 요소는 무엇인가?
9 희망하는 점수가 되기 위해서 지금 당장 할 수 있는 것은 무엇인가?
10 실행하고 있다는 것을 어떻게 확인시켜 줄 것인가?

7 일차

왜 성경을 읽어야 할까 ?

이 질문은 "왜 밥을 먹어야 합니까?" 또는 "왜 법을 지켜야 합니까?"라는 말과 같다.

> 너를 낮추시며 너를 주리게 하시며 또 너도 알지 못하며 네 조상들도 알지 못하던 만나를 네게 먹이신 것은 사람이 떡으로만 사는 것이 아니요 여호와의 입에서 나오는 모든 말씀으로 사는 줄을 네가 알게 하려 하심이니라(신 8:3)

출애굽한 이스라엘 백성들에게 가장 먼저 찾아온 변화는 음식이었다. 수백년간 이집트의 파라오가 주던 고기와 마늘을 먹고 살다가, 이제는 하나님이 주시는 만나를 먹고 살게 되었다. 이에 대해 성경은 의미심장한 말을 한다.

> 사람이 사는 땅에 이르기까지 이스라엘 자손이 사십 년 동안 만나를 먹었으니 곧 가나안 땅 접경에 이르기까지 그들이 만나를 먹었더라(출 16:35)

광야와 같은 우리의 인생도 하늘에서 내려오는 만나가 필요하다. 우리 역시 하나님이 주시는 말씀을 평생 먹고 살아야 한다. 필자도 예수님을 진정으로 믿는 자들에게 나타나는 변화가 광야의 이스라엘과 다르지 않다는 것을 현장에서 경험한다. 성도들은 먹는 것이 달라진다. 한 평생 밥만 먹고 살던 자들이 말씀을 먹기 시작한다. 이제 갓 태어난 아기가 엄마의 젖을 찾듯이 말이다.

만나는 생존의 필수조건이다. 선택사항이 아니다. 아무것도 없는 광야에서 생명을 지탱해줄 음식은 만나밖에 없다. 육신의 양식은 우리를 건강하게 할 수 있지만, 거룩하게 할 수 없다. 육신의 양식은 길면 100년을 살게 하지만 영원히 살게 하지는 못한다. 하늘에서 살려면 하늘의 음식을 먹어야 한다. 그게 만나이고, 그게 하나님의 말씀이다.

또한 말씀은 법이다. 규칙이고 삶의 기준이며 원리이다.

> 경기하는 자가 법대로 경기하지 아니하면 승리자의 관을 얻지 못할 것이며(딤후 2:5)

축구 규칙을 일절 알지 못하는 아내와 월드컵 경기를 보면서 가장 많이 들었던 말은 "왜 골을 넣었는데 점수가 안 올라가지?"였다. 오프사이드 규정을 몰랐기 때문에 한 말이었다. 아내는 골을 넣으면 무조건 득점이라고 생각한 것이다.

아무리 멋진 골도, 규칙을 어기면 무효다. 10골을 넣어도 0점이다. 신자의 삶도 마찬가지다. 우리가 아무리 성공적인 삶을 산다 해도 하나님의 법과 상관없이 살면 0점 인생이다.

성경을 찬찬히 읽어보라! 성경에는 법적인 용어가 많다. 하나님을 재판장이라 하고, 사람을 의인 또는 죄인이라 말한다. 우리가 자주 사용하는 '칭의'도 법적인 용어다. 그렇다. 성경은 인품 좋은 할

아버지가 손주를 품에 안고 해주는 덕담 정도가 아니라 '법'에 관한 책이다. 우리가 그 법을 어긴 결과 하나님의 독생자가 십자가에서 사형을 당하신 것이다.

당연하지 않다

샤워기에서 1년 365일, 하루 24시간 내내 뜨거운 물이 나오는 것은, 적어도 나에겐 놀라운 은혜이다. 나는 보일러 시설이 변변치 않은 군대에서 3번의 겨울을 보냈기 때문이다. 한 번은 너무 따뜻한 물로 씻고 싶어서, 몰래 정수기 물을 사용했을 정도다.

성경이 내 손에 들려지고, 내 눈에 들어오고, 내 머리로 이해되는 것 역시 당연한 일이 아니다. 그것은 참으로 은혜이다. 성경을 다른 말로 '특별계시'라 한다. 말 그대로다! 특별계시가 이해되는 것은 일반적인 일이 아니라 특별한 은총이다.

만약 당신이 성경을 읽고 이해한다면 그것은 놀라운 은혜. 만약 당신이 설교를 듣고 믿는다면 그것 역시 놀라운 은혜. 그래서 성경은 다음과 같이 말한다.

> 여호와께서 백성을 사랑하시나니 모든 성도가 그의 수중에 있으며 주의 발 아래에 앉아서 주의 말씀을 받는도다(신 33:3)

이 구절은 내 삶을 바꿔준 말씀이다. 한국에는 수만개의 교회가 있다. 그 교회들이 저마다 비슷비슷할지라도 완전히 똑같지는 않다. 교단마다, 교회마다 강조하는 바가 다르다. 기도와 체험을 강조하는 교단이 있고, 교리와 말씀을 중요하게 생각하는 교회가 있다. 한때는 신비체험과 은사집회가 유행했다. 필자 역시 그 흐름에 합류하여 금식과 기도로 산 적이 있다.

그런데 뭐라고 할까? 땅은 깊게 파는데 샘이 터지지 않는 웅덩이 같다고나 할까? 말씀이 없으니 신앙이 점점 공허해지는 것을 느꼈다. 그때 만난 말씀이 신명기 33장 3절이다. 기도할 때 몸이 뜨거워진다거나, 찬양할 때 몽롱한 기분이 든다거나 하는 특별한 체험을 하지 않아도, 지금 내가 하나님의 말씀을 듣고 있다면, 바로 그것이 하나님의 사랑을 받고 있다는 증거임을 알게 되었다. 이와 관련하여 성경은 또 의미심장한 말을 한다.

> 불의의 모든 속임으로 멸망하는 자들에게 있으리니 이는 그들이 진리의 사랑을 받지 아니하여 구원함을 받지 못함이라 이러므로 하나님이 미혹의 역사를 그들에게 보내사 거짓 것을 믿게 하심은 진리를 믿지 않고 불의를 좋아하는 모든 자들로 하여금 심판을 받게 하려 하심이라(살후 2:10-12)

다윗은 말씀을 사랑했던 사람이다. 말씀으로 시를 짓고, 말씀으로 노래를 불렀던 싱어송라이터였다. 아직도 성경 읽기의 당위성에 의구심을 품고 있는가? 신앙은 '모' 아니면 '도'다. 진리를 사랑하고 믿지 않으면 거짓 진리를 사랑하고 믿게 된다. 그 결과는 위 구절에 잘 나와 있다.

성경 읽기도 노동이다

R.C. 스프라울은 '성경을 아는 지식'이라는 책에서, 사람들이 성경을 읽지 않는 이유를 다음과 같이 말한다. "성경을 읽지 않는 이유는 성경이 어렵거나 지루해서 그런 것이 아니라 성경을 읽는 것이 일종의 노동이기 때문에 게으르고 나태하기 때문이다"

우리의 본성 안에는 다양한 죄악들이 있지만, 그중에 가장 치명적인 것이 '게으르고 나태한 것'이라고 할 수 있다. 죽음에 이르는 7가지 죄악 가운데 하나로 꼽힐 정도로 우리를 괴롭히는 것이 게으름과 나태함이다.

> 이런 것이 너희에게 있어 흡족한즉 너희로 우리 주 예수 그리스도를 알기에 게으르지 않고 열매 없는 자가 되지 않게 하려니와(벧후 1:8)

오늘날 현대인들은 너무 바쁘고 분주하게 살아간다. 그런데 정작 중요한 것을 놓치고 살아간다. 열심히 사는 것은 좋은데 방향을 잃어버린 것이 문제다. 몸이 지치고 피곤하니 성경 읽는 것은 은근슬쩍 넘어가도 괜찮겠지라는 자기합리화, 자기연민에 빠져 자기를 속이며 살고 있다. 아주 게으른 것이다. 향방없는 열심은 조급하고 분주한 것이지 성실한 것이 아니다. 실제로는 아주 게으른 것이다. 그런 차원에서 베드로는 예수 그리스도를 알기에 게으르지 말라고 당부하고 했다.

게으름의 단계를 몇 가지로 분류해볼 수 있다. 첫째, 성경에 대해 아무 생각이 없는 무관심의 단계. 둘째, 성경의 중요성은 알면서도 읽을 생각이나 계획은 없는 단계. 셋째, 성경을 읽을 생각은 있지만 실행하고 노력하지 않는 단계. 넷째, 성경을 귀찮아하고, 싫어하는 단계. 다섯째, 성경을 비판하고 대적하는 단계.

사실 성경을 대하는 태도가 곧 하나님을 대하는 태도이다.

하나님의 말씀을 거역하며 지존자의 뜻을 멸시함이라(시 107:11)

하나님은 자신을 말씀으로 표현하신다. 예수님은 말씀이 육신이 되어 이 땅에 오신 분이다. 그래서 성경에서 가장 많이 나오는 동사는, 하나님이 "말씀하신다"는 표현이다. 하나님은 말씀이시며, 말씀하는 분이시다.

따라서 우리는 명심해야 한다. 말씀을 사랑하는 것이 곧 하나님을 사랑하는 것이다. 말씀을 싫어하고 무시하는 것은 곧 하나님을 싫어하고 무시하는 것이다.

성경 안에 답이 있다

성경 해석학의 가장 기본 원칙은 성경으로 성경을 해석하는 것이다. 성경 안에 답이 있기 때문이다. 구약을 알기 위해서는 신약을 보아야 한다. 구약의 예언이 신약에서 성취되기 때문이다. 마찬가지 이유로 신약을 알기 위해서는 구약을 보아야 한다. 신약의 성취는 구약에서 예언된 것이기 때문이다. 흔히 계시록이 어렵다고 한다. 구약을 모르기 때문이다. 계시록은 구약 인용으로 가득한 성경이다. 그래서 계시록을 이해하려면, 구약 성경을 알아야 한다. 성경 어디든 마찬가지다. 성경의 전체 내용을 알아야, 성경의 한 부분도 알수 있다.

> 모세가 요단 저쪽 모압 땅에서 이 율법을 설명하기 시작하였더라 일렀으되(신 1:5)

신명기가 어떤 책인가? 율법을 설명한 책이다. 그런데 왜 신명기라고 할까? 율법을 다시 설명한 책이라는 뜻이다. 신명기는 레위기의 율법을 다시 한 번 더 설명한 책이다. 그래서 신명기를 제대로 이해하려면, 레위기를 잘 알아야 한다. 바로 이것이 성경으로 성경을 해석하는 원리다. 신약이 이해되지 않으면 구약으로 돌아가고, 구약이 이해되지 않으면 신약으로 돌아가야 한다.

> 빌립이 달려가서 선지자 이사야의 글 읽는 것을 듣고 말하되 읽는 것을
> 깨닫느냐 대답하되 지도해 주는 사람이 없으니 어찌 깨달을 수 있느냐
> 하고 빌립을 청하여 수레에 올라 같이 앉으라 하니라(행 8:30-31)

빌립 집사는 에디오피아 내시에게 다가가서, 지금 읽고 있는 이
사야서 말씀을 이해하느냐고 물었다. 내시는 알지 못한다고 말했
다. 그러자 빌립 집사는 성경의 다른 부분을 통해서, 이사야서를 설
명해 주었다.

> 바울이 자기의 관례대로 그들에게로 들어가서 세 안식일에 성경을 가
> 지고 강론하며 뜻을 풀어 그리스도가 해를 받고 죽은 자 가운데서 다시
> 살아나야 할 것을 증언하고 이르되 내가 너희에게 전하는 이 예수가 곧
> 그리스도라 하니(행 17:2-3)

바울은 가는 곳마다 자신의 사상이 아니라, 성경을 가르쳤다. 성
경으로 성경을 해석해 주었다. 그러자 성령님이 역사하셨고, 교회
가 부흥했다. 기억하라! 성경은 성경으로 해석해야 한다. 성경 안에
답이 있다!

성경을 풀면 무엇이 나오는가 ?

신앙생활 하면서 제일 억울한 사람이 누구인가? 교회 와서 밥만 먹고 가는 사람이다. 교회에 단 한번도 빠지지 않고 출석은 하지만 사람만 만나고 가는 사람이다. 성경은 읽지만 성경이 도대체 무슨 말을 하는지 모른다면 얼마나 답답하겠는가? 이 부분 역시 〈10독 플랜〉과 관련되어 있다.

> 너희가 성경에서 영생을 얻는 줄 생각하고 성경을 연구하거니와 이 성경이 곧 내게 대하여 증언하는 것이니라 그러나 너희가 영생을 얻기 위하여 내게 오기를 원하지 아니하는도다(요 5:39-40)

그렇다. 성경은 곧 예수 그리스도에 대해 증언하고 있다.

> 또 이르시되 내가 너희와 함께 있을 때에 너희에게 말한 바 곧 모세의 율법과 선지자의 글과 시편에 나를 가리켜 기록된 모든 것이 이루어져야 하리라 한 말이 이것이라 하시고(눅 24:44)

누가복음 역시 모든 성경이 예수님을 가리키고 있다고 말한다. 부활하신 예수님이 40일간 이 땅에 머무시면서 하신 일이 무엇인가? 성경이 예수님에 대해 기록한 것이 어떻게 성취되었는지 알려

주신 것이다. 예수님은 끝까지 성경을 붙들고 사역하셨다. 조금 더 진도를 나가보자!

> 이 복음은 하나님이 선지자들을 통하여 그의 아들에 관하여 성경에 미리 약속하신 것이라 그의 아들에 관하여 말하면 육신으로는 다윗의 혈통에서 나셨고 성결의 영으로는 죽은 자들 가운데서 부활하사 능력으로 하나님의 아들로 선포되셨으니 곧 우리 주 예수 그리스도시니라(롬 1:2-4)

사도 바울은 구약 성경 역시, 예수님에 관한 책이라고 말하고 있다. 그렇다. 구약 역시 복음에 관한 책이다. 특히 구약은 오실 예수에 관한 예언, 예표, 상징, 비유들로 가득 차 있다. 구약과 신약 성경 모두 예수님의 죽음과 부활에 관한 것을 기록한 책이다. 성경해석은 여기서부터 시작되어야 한다.

왜 성경을 본격적으로 읽기도 전에 해석에 대해 말하냐고? 그 이유는 간단하다. 읽는 행위가 곧 해석의 행위이기 때문이다. 우리가 글자를 읽을 때, 우리는 본능적으로 글자를 해석한다. 글자를 읽으면서, 그 의미를 끄집어낸다. 따라서 읽는 것은 해석하는 것이고, 해석이 잘못될 경우 신앙도 잘못될 수 있다. 기억하라! 성경은 일반적인 내용을 담은 역사책이나 지혜의 모음집이 아니라 예수 그리스도의 죽음과 부활을 말하는 특별계시라는 것을!

읽고 , 해석하라

성경의 핵심은 예수 그리스도다. 그래서 우리는 성경을 읽으면서 예수가 어떤 분인지, 예수가 어떤 일을 하셨는지를 집중해서 보아야 한다. 더불어 등장인물과 사건이 예수의 구원 사역과 어떤 연관이 있는지도 따져가며 읽어야 한다. 그리고 이 모든 과정에 최고의 성경 교사이신 성령님이 간섭하시기를 기도해야 한다.

> 또 그 모든 편지에도 이런 일에 관하여 말하였으되 그 중에 알기 어려운 것이 더러 있으니 무식한 자들과 굳세지 못한 자들이 다른 성경과 같이 그것도 억지로 풀다가 스스로 멸망에 이르느니라(벧후 3:16)

엄청난 교세를 자랑하고 있는 한 이단 종파는 성경의 모든 해석이 그들의 교주에게 귀결된다고 주장한다. 참으로 억지 해석이다. 성경은 이렇게 성경을 억지로 푸는 자들이 멸망에 이른다고 말한다. 우리는 이 경고를 진지하게 받아들여야 한다. 그렇다면 성경을 억지로 푼다는 말은 어떤 뜻일까?

> 형제들아 내가 너희를 위하여 이 일에 나와 아볼로를 들어서 본을 보였으니 이는 너희로 하여금 기록된 말씀 밖으로 넘어가지 말라 한 것을 우리에게 배워 서로 대적하여 교만한 마음을 가지지 말게 하려 함이라(고전4:6)

우리가 앞에서 배웠듯이 성경해석의 첫 번째 원칙은 성경으로 성경을 해석하는 것이다. 따라서 어려운 본문은 전후 문맥을 살펴봐야 하고, 더 나아가 같은 주제를 다루고 있는 다른 성경을 살펴보아야 한다.

예를 들어 노아의 홍수 사건이 어떤 의미인지 알고 싶으면, 같은 사건을 다루고 있는 다른 성경 본문을 참고해야 한다.

> 노아의 때와 같이 인자의 임함도 그러하리라(마 24:37)

> 그들은 전에 노아의 날 방주를 준비할 동안 하나님이 오래 참고 기다리실 때에 복종하지 아니하던 자들이라 방주에서 물로 말미암아 구원을 얻은 자가 몇 명뿐이니 겨우 여덟 명이라(벧전 3:20)

> 믿음으로 노아는 아직 보이지 않는 일에 경고하심을 받아 경외함으로 방주를 준비하여 그 집을 구원하였으니 이로 말미암아 세상을 정죄하고 믿음을 따르는 의의 상속자가 되었느니라(히 11:7)

마태복음은 노아의 홍수가 최후의 심판을 예표하는 것으로 해석했고, 베드로전서는 하나님의 진노를 나타내는 것으로 해석했으며, 히브리서는 노아의 믿음을 나타내는 것으로 해석했다. 이런 식으로 같은 주제를 다루는 다른 성경을 살펴보면, 어려운 성경 구절도 충분히 이해할 수 있다. 기억하라! 성경이 말하는 데까지 말하고, 하나님이 허락하시는 데까지 해석해야 한다.

묵상이란?

말씀을 읽는 것을 넘어 먹을 수 있어야 한다고 했다. 그렇다면 먹는다는 의미가 뭘까? 간단히 말하면, 성경을 깊이 묵상한다는 뜻이다. 그리고 묵상이란 성경을 통해 예수님과 교제하는 것이다.

> 볼지어다 내가 문 밖에 서서 두드리노니 누구든지 내 음성을 듣고 문을 열면 내가 그에게로 들어가 그와 더불어 먹고 그는 나와 더불어 먹으리라(계 3:20)

성경에서 먹고 마신다는 것은 교제와 연합을 말한다. 우리는 성찬식 때 주님의 살과 피를 나타내는 빵과 포도주를 먹고 마신다. 우리는 이것을 통해 예수님과 영적으로 교제하고 연합한다. 우리는 다른 사람과 식사를 통해 교제하듯, 말씀을 매개로 예수님과 교제한다. 이것이 묵상의 목적이다.

한글로 번역된 '묵상'은 스님들의 참선처럼 생각하기 쉽다. 하지만 원어는 그런 의미가 아니다.

> 내가 주의 법도들을 작은 소리로 읊조리며 주의 길들에 주의하며(시 119:15)

여기서 '읊조리다'로 번역된 단어가, 한글 성경에서 묵상으로 번역된 히브리어 '하가'이다. 하가는 일종의 의성어인데, 글자를 중얼거리는 소리를 그대로 표기한 것이라고 할 수 있다. 우리식으로 표현하면 "중얼중얼"정도 될 것이다.

그러므로 묵상은 입으로 중얼거리며 낭독하는 것이다. 반복해서 읽고 또 읽는 것이다. 그 뜻을 깨우칠 때까지 소리 내어, 천천히, 반복적으로 읽는 것이다. 예수님의 음성을 들을 때까지 계속해서 읽는 것이다.

그런데 예수의 음성 듣는 것을, 신비로운 체험으로 생각해서는 안 된다. 예수의 음성을 듣는 것은, 성령께서 성경을 해석해 주시는 것을 듣는 것이다. 성경에서 깨우침을 얻고, 성경에서 교훈을 얻는 것이 바로 예수의 음성을 듣는 것이다. 그래서 예수님은 다음과 같이 말씀하셨다.

> 보혜사 곧 아버지께서 내 이름으로 보내실 성령 그가 너희에게 모든 것을 가르치고 내가 너희에게 말한 모든 것을 생각나게 하리라(요 14:26)

기억하라! 예수님도 구약의 성경대로 사셨고, 구약의 성경을 풀어주셨다. 성령님 역시 예수님의 말씀을 생각나게 하시고 기억나게 하신다. 성령님은 성경을 통해 우리에게 말씀하시는 분이시다.

일용할 양식

일용할 양식은 유통기한이 하루인 양식이다. 이스라엘 백성들이 하늘에서 내리는 만나를 거둘 때 매일 아침, 그날의 만나를 거뒀다. 물론 안식일 전날은 예배에 집중하기 위해 이틀치를 거뒀지만 그 날을 제외 하면 매일, 그날의 만나를 거둬야 했다. 그리고 성경은 엄중하게 말한다.

> 모세가 그들에게 이르기를 아무든지 아침까지 그것을 남겨두지 말라 하였으나 그들이 모세에게 순종하지 아니하고 더러는 아침까지 두었더니 벌레가 생기고 냄새가 난지라 모세가 그들에게 노하니라(출 16:19-20)

이 말이 어떤 뜻인가? 어제의 만나로 오늘을 살 수 없고, 오늘의 만나로 내일을 살 수 없다는 뜻이다. 이미 흘러간 물로는 물레방아를 돌릴 수 없는 것처럼, 과거의 은혜로는 오늘을 살 수 없다는 뜻이다.

요즘 꼰대가 되지 않기 위해 피해야 할 말이 있다. "라떼는"이라는 말이다. "내가 네 나이 때는", "내가 군인일 때는" 이런 말은 반드시 피해야 한다. 성경 읽기도 마찬가지다. "내가 10년 전에는 성경을 많이 읽었다." 아무 소용없는 말이다. 10년 전에 성경에서 받은 은혜로 오늘을 살 수 없다. 오늘 먹는 밥으로 오늘을 사는 것처럼,

오늘 받은 은혜로 오늘을 살아야 한다.

하나님이 광야의 이스라엘 백성에게 주신 만나는 이 사실을 잘 보여준다. 광야에서 굶어 죽지 않으려면 만나를 먹어야 하고, 만나를 먹기 위해서는 매일 만나를 거두어야 한다. 하나님이 한 달 치 만나를 한꺼번에 주시지 않고, 하루 치만 주신 것은, 하루의 은혜로 하루를 살라는 뜻이다. 매일 매일 성경을 읽고, 매일 매일 영적인 양식을 먹으라는 뜻이다.

> 그러므로 너희가 그리스도와 함께 다시 살리심을 받았으면 위의 것을 찾으라 거기는 그리스도께서 하나님 우편에 앉아 계시느니라 위의 것을 생각하고 땅의 것을 생각하지 말라(골 3:1-2)

지나가는 사람을 붙들고 물어보라! 오래된 밥이 좋은지? 지금 갓한 밥이 좋은지? 하나님은 어제 지은 식은 밥이 아니라, 오늘 지은 따뜻한 밥을 우리에게 주고 싶어 하신다. 그러므로 우리는 매일 일용할 양식을 구해야 한다.

> 이것들이 아침마다 새로우니 주의 성실하심이 크시도소이다(애 3:23)

기억하라! 어제의 만나로 오늘을 살 수 없다. 우리는 매일매일 그날의 신선한 만나를 구해야 한다. 매일 우리에게 손수 새로운 양식을 지어 주시는 하나님의 손을 부끄럽게 하지 말기를 바란다.

무상급식

· · · · · · · · · · ·

우리나라에서 무상급식을 하는 곳은 학교, 군대, 그리고 노숙자들을 위한 봉사단체일 것이다. 군인은 먹을 것을 걱정하지 않는다. 훈련에만 전념하기 위한 국방부의 배려(?) 때문이다. 광야는 곧 훈련 장소다. 노예로 살던 이스라엘 백성들이 하나님의 군대가 되기 위한 훈련소 같은 개념이라고 보면 된다. 해서 무상급식이 제공되는 것이다.

> 네 하나님 여호와께서 이 사십 년 동안에 네게 광야 길을 걷게 하신 것을 기억하라 이는 너를 낮추시며 너를 시험하사 네 마음이 어떠한지 그 명령을 지키는지 지키지 않는지 알려 하심이라(신 8:2)

만나를 먹는 것 역시 훈련의 일환이다. 만나는 매일 거둔다. 그런데 안식일 전날에만 예외적으로 이틀치를 거둔다. 이것은 법이다. 오늘의 만나를 내일까지 남겨둬서도 안되지만 안식일에는 만나를 거두러 나가는 행위 자체가 금지되어 있다.

> 모세가 이르되 오늘은 그것을 먹으라 오늘은 여호와의 안식일인즉 오늘은 너희가 들에서 그것을 얻지 못하리라 엿새 동안은 너희가 그것을 거두되 일곱째 날은 안식일인즉 그 날에는 없으리라 하였으나 일곱째 날에 백성 중 어떤 사람들이 거두러 나갔다가 얻지 못하니라 여호와께

서 모세에게 이르시되 어느 때까지 너희가 내 계명과 내 율법을 지키지 아니하려느냐(출 16:25-28)

안식일에 만나를 거두지 말라고 한 하나님의 법을 어기고 만나를 거두러 나갔다가 하나님께 책망을 듣게 된다. 안식일에 만나를 주시지 않는 이유는, 만나 보다 더 중요한 것이 있음을 알려주기 위함이다. 사람이 떡으로만 사는 것이 아니라 하나님의 말씀을 지켜야 살 수 있다는 것을 보여주기 위함이다. 안식일에 만나를 거두지 않아도 먹고 사는데 지장 없다는 것을 보여주기 위함이다. 오늘날 우리가 주일을 거룩하게 지키기 위해 하던 일을 멈추고 예배에 집중하는 것은 내 인생의 주인은 하나님이심을 인정하는 신앙의 고백이다.

군대에 있을 때에 매일 똑같은 밥에 질려서 매점에 가서 냉동식품을 먹을 때 묘한 쾌감이 있었고, 위문차 방문한 교회가 가져온 치킨과 콜라를 먹는 날에는 더할 나위 없는 기쁨을 누렸다. 이것이 특식이 주는 묘미이다.

주일이야 말로 진정한 특식을 먹는 날이다. 하나님이 제공하신 레시피를 가지고 목사님이 쉐프가 되어 정성스럽게 지은 갓 한 밥과 많은 반찬들을 성도들이 다 함께 모여 먹고 마시며 즐거워하는 만찬의 날이다. 해서 예배 중에 성찬을 하는 것도 일종의 특식이라고 할 수 있다. 기억하라! 주일을 온전히 지키며 하나님이 준비하신 특식을 먹는 것 역시 하나님의 법이라는 것을.

가정식 백반

말씀은 나만의 것이 아니라 우리의 것이다. 세상에서 제일 나쁜 사람이 자기만 아는 사람이라고 한다. 더욱이 오늘날과 같이 개인화가 일상이 된 시대에 더더욱 요구되는 '우리'라는 공동체 의식이 아닌가 싶다.

> 여호와께서 이같이 명령하시기를 너희 각 사람은 먹을 만큼만 이것을 거둘지니 곧 너희 사람 수효대로 한 사람에 한 오멜씩 거두되 각 사람이 그의 장막에 있는 자들을 위하여 거둘지니라 하셨느니라(출 16:16)

만나는 한 가정의 대표 한 사람이 거두러 간다. 가정의 대표는 자신의 것만이 아니라, 가족 모두의 것을 거두어 와야 한다. 우리가 잘 아는 주기도문에서도 나의 하나님이 아니라 '우리 아버지'라고 한다. 예수님이 친히 가르쳐 주신 기도는 나의 간구가 아니라 우리의 간구이다. 교회든, 가정이든 만나를 거두러 가는 한 사람은 있어야 한다. 야곱의 가정을 한번 들여다보자!

> 하나님이 야곱에게 이르시되 일어나 벧엘로 올라가서 거기 거주하며 네가 네 형 에서의 낯을 피하여 도망하던 때에 네게 나타났던 하나님께 거기서 제단을 쌓으라 하신지라 야곱이 이에 자기 집안 사람과 자기와

함께 한 모든 자에게 이르되 너희 중에 있는 이방 신상들을 버리고 자신을 정결하게 하고 너희들의 의복을 바꾸어 입으라(창 35:1-2)

하나님은 야곱에게 벧엘로 가라고 지시하셨다. 이에 야곱은 혼자 벧엘로 가지 않고, 온 가족을 이끌고 벧엘로 갔다. 마치 가족을 위해 대표로 만나를 거둔 사람처럼, 야곱은 하나님의 말씀을 온 가족에게 전했다. 우리도 마찬가지다. 가족 중에 누구 한 사람은 하나님의 뜻을 전달하는 역할을 감당해야 한다. 그렇다면 하나님이 가라고 하신 벧엘은 어떤 곳인가?

하나님이 그와 말씀하시던 곳에서 그를 떠나 올라가시는지라 야곱이 하나님이 자기와 말씀하시던 곳에 기둥 곧 돌 기둥을 세우고 그 위에 전제물을 붓고 또 그 위에 기름을 붓고 하나님이 자기와 말씀하시던 곳의 이름을 벧엘이라 불렀더라(창 35:13-15)

세 번이나 반복되는 내용이 무엇인가? "말씀하신 곳"이다. 벧엘은 하나님의 말씀을 들은 곳이다. 바로 이곳이 벧엘이다. 이것이 바로 하나님과 교제하는, 하나님의 집이다. 혼밥이 유행하는 시대를 살아간다고 해서, 말씀까지 혼밥할 필요는 없다. 기억하라! 말씀은 나만의 것이 아니라 우리의 것임을.

말씀을 대하는 자세 (1)

두 가지를 기억해야 한다. 첫째, 모든 성경은 하나님의 말씀이다. 66권 모두가 하나님의 말씀이다. 둘째, 성경은 완성되었다. 더 이상 추가되지 않는다. 그러므로 두 가지를 실천해야 한다. 첫째, 성경을 편식하지 말아야 한다. 66권 성경 모두를 골고루 읽어야 한다. 둘째, 성경 밖에서 하나님의 음성을 들으려고 하지 말아야 한다. 기록된 말씀인 성경을 통해 하나님의 음성을 들어야 한다. 좀 더 자세히 살펴보자.

> 모든 성경은 하나님의 감동으로 된 것으로 교훈과 책망과 바르게 함과 의로 교육하기에 유익하니(딤후 3:16)

> 이에 모세와 모든 선지자의 글로 시작하여 모든 성경에 쓴 바 자기에 관한 것을 자세히 설명하시니라(눅 24:27)

"모든 성경"이 하나님의 감동으로 되었다고 한다. 따라서 우리는 하나로 모아진 66권의 성경 전체를 읽어야 한다. 물론 모든 성경의 내용들을 다 지킬 수는 없는 노릇이다. 그럼에도 우리가 모든 성경을 차례대로 읽어야 하는 이유는, 마치 흩어져 있는 퍼즐 조각 전체가 맞춰져야 큰 그림이 완성되듯이 성경도 전체를 봐야 하나님의 뜻을 선명하게 볼 수 있기 때문이다. 모든 성경을 읽는다는 또 다른 의미는 다음과 같다.

> 내가 너희에게 명령하는 말을 너희는 가감하지 말고 내가 너희에게 내리는 너희 하나님 여호와의 명령을 지키라(신 4:2)
> 내가 이 두루마리의 예언의 말씀을 듣는 모든 사람에게 증언하노니 만일 누구든지 이것들 외에 더하면 하나님이 이 두루마리에 기록된 재앙들을 그에게 더하실 것이요 만일 누구든지 이 두루마리의 예언의 말씀에서 제하여 버리면 하나님이 이 두루마리에 기록된 생명나무와 및 거룩한 성에 참여함을 제하여 버리시리라(계 22:18-19)

구약과 신약이 같은 소리를 내고 있다. 이건 듣기 싫으니까 빼고, 저건 순종하기 부담스러우니까 빼버리면 결국 성경책 표지만 남을 것이다. 우리가 성경을 읽을 때 가져야 할 마음은 66권 성경 전체를 다 읽겠다는 마음이다. 해서 처음에 성경을 읽을 때는 바른 자세로 앉아 기도하는 마음으로 밑줄을 그으면서 읽는 것을 추천한다.

우리는 구약시대에 비해 훨씬 더 편리하고 간소화된 신앙생활을 하고 있다. 소나 양을 잡을 필요도 없고, 이런저런 절기를 지키거나 음식을 가려 먹을 필요도 없다. 그러나 구약의 약속들이 종결되고 성취되었다고 해서, 그 안에 담긴 정신마저 잊어서는 안 된다. 기억하라! 내용도 중요하고 내용을 담는 그릇도 중요하다는 것을.

말씀을 대하는 자세 (2)

앞에서 성경 해석에 대한 이야기를 나누었다. 물론 우리에게 주신 지성을 사용하여 최대한 기록된 말씀의 의미를 이해하고자 노력해야 한다. 그렇다고 해서 머리가 좋은 사람이 성경을 더 깊게 이해하는 것은 아니다. 성경은 이 세상에 있는 책들을 다 합친 것보다 더 가치 있다. 그 이유는 다른 책들의 저자는 사람이지만, 성경의 저자는 하나님이시기 때문이다. 해서 성령의 도우심이 있어야 성경을 믿고, 이해할 수 있다.

> 그 때에 예수께서 대답하여 이르시되 천지의 주재이신 아버지여 이것을 지혜롭고 슬기 있는 자들에게는 숨기시고 어린 아이들에게는 나타내심을 감사하나이다(마 11:25)

종교지도자들은 하나님의 뜻에 해박할 것 같고, 어린아이들은 하나님의 뜻에 무지할 것 같다. 그런데 사실은 정반대였다. 종교지도자들은 하나님의 뜻에 무지해서 예수님을 반대했고, 어린아이들은 하나님의 뜻을 알아 예수님께 순종했다. 하나님의 뜻을 알기 위해서는, 하나님의 은혜가 필수적이기 때문이다.

대답하여 이르시되 천국의 비밀을 아는 것이 너희에게는 허락되었으
나 그들에게는 아니되었나니(마 13:11)

사단은 끊임없이 우리가 성경을 읽지 못하도록 방해한다. 사단의
방해 전략 중 하나는, 사람들이 성경을 교양서적처럼 생각하게 하는
것이다. 성경 읽기를 엄숙한 경건 행위가 아니라, 취미생활 정도로
생각하게 하는 것이다. 그렇게 되면 사람들은 성경을 보아도, 성경
의 진짜 의도를 발견하기 어렵다.

항상 배우나 끝내 진리의 지식에 이를 수 없느니라(딤후 3:7)

주변을 보라! 똑똑한 사람들이 얼마나 많은가? 그런데 그토록 유
식한 자들도 성경에는 무식하다. 원래 복음은 세상의 눈에는 미련해
보이지만, 우리의 눈에는 구원을 주시는 하나님의 능력이다. 그러
므로 우리는 성경을 읽기 전에, 하나님의 은혜를 구해야 한다. 미련
한 우리에게, 성경을 이해할 수 있는 능력 주시기를 기도해야 한다.

내 눈을 열어서 주의 율법에서 놀라운 것을 보게 하소서(시 119:18)

누구에게 성경이 열리는가? 어린아이처럼 겸손하게 하나님의 은
혜를 구하는 자, 진리를 사모하는 자에게 열린다. 기억하라! 성경은
이 세상 책이 아니다. 저자가 하늘에 계시기에, 하늘에 계신 분께 기
도하며 읽어야 한다.

말씀을 대하는 자세 (3)

성경은 하나님을 사랑하는 마음으로, 경외하는 마음으로 읽어야 한다. 우리가 잘 아는 유명한 말씀이 있다.

> 이스라엘아 네 하나님 여호와께서 네게 요구하시는 것이 무엇이냐 곧 네 하나님 여호와를 경외하여 그의 모든 도를 행하고 그를 사랑하며 마음을 다하고 뜻을 다하여 네 하나님 여호와를 섬기고(신 10:12)

하나님이 우리에게 성경 읽기를 명하신 이유는, 하나님을 경외하고 사랑하도록 하기 위함이다. 하나님이 직접 우리에게 나타나시면 놀라 자빠지지 않겠는가? 해서 하나님은 우리에게 기록된 말씀을 주신 것이다. 기록된 말씀을 통해 하나님이 누구신지, 하나님이 어떤 은혜를 베푸셨는지 알게 하시는 것이다.

성경의 첫 책인 창세기는 에덴동산에 있던 아담이 쓴 것이 아니라 이스라엘이 출애굽 한 이후에 모세가 쓴 것이다. 400년 이상을 애굽에 갇혀서, 애굽의 다양한 신들을 섬기며 노예로 살던 그들이 영문도 모른 채 출애굽을 하게 되었다. 열 가지 재앙을 경험하고, 홍해를 건너는 기적을 맛보기도 했다. 그리고 계속 기적이 일어나는 것이 아니라 시내산에 멈춰 서서 하나님과 언약을 맺는다.

그러면서 하나님은 모세를 통해 자신이 어떤 존재인지를 기록하게 하신다. 한 평생 태양신이 하나님인줄 알고 살았던 그들에게 여호와 하나님이 창조주요! 살아계신 하나님이라는 것을 알려주셨다. 그들의 조상 아브라함의 이야기를 하면서 이미 이스라엘이 400여년간 애굽의 종살이를 하다가 출애굽 할 것도 이미 예고되어 있었고, 언약대로 출애굽 한 사실도 기록하게 하셨다.

출애굽은 끝이 아니라 시작이다. 아이가 태어났다고 엄마의 역할이 끝나는가? 아니다. 그때부터 진정한 육아가 시작된다. 지나가는 엄마들을 붙잡고 물어보라! 아이가 태중에 있을 때가 편한지, 지금이 편한지. 열이면 열, 아이가 태중에 있을 때라고 대답할 것이다. 마찬가지다. 출애굽은 시작이다. 이제부터 하나님을 배워야 한다. 그때는 모세오경이라는 율법으로 하나님을 배웠고, 선지자들도 율법을 통해 하나님의 백성들을 가르쳤다.

우리는 구약과 신약 전체를 소유하는 특권을 누린다. 구약은 그림자를 통해 실체에 대해 배웠지만 우리는 이미 실체로 오신 예수님을 기록과 역사 속에서 믿고 있다. 훨씬 더 풍성한 은혜다. 그러니 더 잘 믿고, 더 잘 섬기고, 더 많이 사랑해야 한다.

전체 성경

숲을 보고 나무를 보라는 말이 있다. 우선 큰 그림을 봐야 한다. 건물도 설계도가 있고, 전체 조감도라는 것이 있다. 성경이 어떻게 흘러가는지를 파악하는 것이 중요하다. 해서 앞에서도 언급했듯이 일 년에 한두 번은 단기간 내에 성경의 맥을 잡는 통독과 배움이 필요하다.

여호수아는 모세를 섬기는 종이면서, 동시에 군대장관이었다. 그리고 여호수아는 성경에 능한 자였고, 성경 전체를 잘 이해하고 있던 자였다. 그 이유는 간단하다. 여호수아가 모세의 후계자로 임명될 때 하나님이 다음과 같이 당부하셨기 때문이다.

> 오직 강하고 극히 담대하여 나의 종 모세가 네게 명령한 그 율법을 다 지켜 행하고 우로나 좌로나 치우치지 말라 그리하면 어디로 가든지 형통하리니 이 율법책을 네 입에서 떠나지 말게 하며 주야로 그것을 묵상하여 그 안에 기록된 대로 다 지켜 행하라 그리하면 네 길이 평탄하게 될 것이며 네가 형통하리라 (수 1:7-8)

여호수아의 강함과 담대함이 어디서 나오는지 봤더니 율법책을 낭독하고, 주야로 묵상하며, 그 말씀에 순종하고자 했기 때문이었다. 그리고 성경에 대한 여호수아의 폭넓은 이해는 그의 유언에서 확인할 수 있었다.

> 여호수아가 모든 백성에게 이르되 이스라엘의 하나님 여호와께서 이 같이 말씀하시기를 옛적에 너희의 조상들 곧 아브라함의 아버지, 나홀 의 아버지 데라가 강 저쪽에 거주하여 다른 신들을 섬겼으나 내가 너희 의 조상 아브라함을 강 저쪽에서 이끌어 내어 가나안 온 땅에 두루 행하 게 하고 그의 씨를 번성하게 하려고 그에게 이삭을 주었으며 이삭에게 는 야곱과 에서를 주었고 에서에게는 세일 산을 소유로 주었으나 야곱 과 그의 자손들은 애굽으로 내려갔으므로 내가 모세와 아론을 보내었 고 또 애굽에 재앙을 내렸나니 곧 내가 그들 가운데 행한 것과 같고 그 후에 너희를 인도하여 내었노라 또한 모압 왕 십볼의 아들 발락이 일어 나 이스라엘과 싸우더니 사람을 보내어 브올의 아들 발람을 불러다가 너희를 저주하게 하려 하였으나 (수 24:2-5,9)

이 짧은 구절 안에, 모세오경 전체가 보이지 않는가? 여호수아는 그 당시 모든 성경이었던, 모세오경을 통째로 꿰뚫고 있었다. 모세 오경 전체를 한 번에 정리하고 있었다. 성경에서 이런 예를 꽤 많이 들 수 있다. 에스겔 16장은 아예 동화형식으로 아브라함 때부터 바 벨론 포로기까지를 정리하고 있다. 꼭 한번 읽어보길 바란다. 신약의 스데반도 죽기 직전에 구약 전체를 짧게 요약하는 유언을 남겼다.

> 스데반이 이르되 여러분 부형들이여 들으소서 우리 조상 아브라함이 하란에 있기 전 메소보다미아에 있을 때에 영광의 하나님이 그에게 보 여 여러 조상이 요셉을 시기하여 애굽에 팔았더니 하나님이 그와 함께 계셔 모세가 애굽 사람의 모든 지혜를 배워 그의 말과 하는 일들이 능하 더라 다윗이 하나님 앞에서 은혜를 받아 야곱의 집을 위하여 하나님의

처소를 준비하게 하여 달라고 하더니 솔로몬이 그를 위하여 집을 지었
느니 (행 7:2,9,22,46,47)

기억하라! 하나님은 우리에게 모든 성경을 주셨다. 우리는 성경
을 전체로 읽어야 할 의무가 있다.

21 일차

흐름과 패턴을 잡아라!

성경은 어떤 내용을 강조할 때 일정한 규칙으로 반복되는 문학적 기법을 사용하는데 이것을 '평행법'이라고 한다. 고등학교 문학시간에 들어 봤을 것이다. 교차대구법, 수미상관법 등등. 기억 안 나도 상관없다.

이 반복이라는 것이 좁게는 한 문장 안에서 시작하여 한 문단, 한 장, 한 권, 성경 전체까지 일정한 규칙으로 확대되기도 한다. 해서 성경을 읽을 때 반복되는 내용을 찾아보며 읽으면 최소한 미궁 속에 빠지지는 않을 것이다. 예를 들어 창세기를 관통하며 반복되는 것은 '생육하고 번성하라'이다.

창 1:28	창 9:1	창 28:3	창 48:4
하나님이 그들에게 복을 주시며 하나님이 그들에게 이르시되 생육하고 번성하여 땅에 충만하라, 땅을 정복하라, 바다의 물고기와 하늘의 새와 땅에 움직이는 모든 생물을 다스리라 하시니라	하나님이 노아와 그 아들들에게 복을 주시며 그들에게 이르시되 생육하고 번성하여 땅에 충만하라	전능하신 하나님이 네게 복을 주시어 네가 생육하고 번성하게 하여 네가 여러 족속을 이루게 하시고	내게 이르시되 내가 너로 생육하고 번성하게 하여 네게서 많은 백성이 나게 하고 내가 이 땅을 네 후손에게 주어 영원한 소유가 되게 하리라 하셨느니라

그리고 하나님의 말씀대로 하나님의 백성은 생육하고 번성하여 땅에 충만하게 되었다. 출애굽기는 다음과 같이 시작된다.

> 이스라엘 자손은 생육하고 불어나 번성하고 매우 강하여 온 땅에 가득
> 하게 되었더라(출 1:7)

이는 사람의 능력과 상관없이 하나님의 말씀은 반드시 이뤄진다는 것을 역사 속에서 보여주는 것이다. 이렇게 정리를 하다보면 성경전체를 꿰뚫는 하나의 패턴이 생긴다.

홍수심판과 동시에 노아의 방주가 떠오른다. 소돔이 심판당하는 동시에 롯이 구원받는다. 애굽에 10가지 재앙이 내릴 때 이스라엘이 구원받는다. 바벨론의 포로 된 유다가 돌아올 때 바벨론은 심판을 받는다. 사망에 매여 있는 우리를 구원하시기 위해 사단을 심판하신다. 이것이 성경 전체에 흘러가는 '구원과 심판'의 패턴이다. 이것을 구속사라고 하는데 하나님 나라의 핵심이라고 할 수 있다.

기억하라! 성경은 밋밋하고 재미없는 책이 아니라 운율과 리듬이 있다. 시와 노래도 있다. 즐겁게 한번 읽어보자!

하나님 나라로 읽는 성경

성경의 주제를 하나만 꼽으라면 단연 '하나님 나라'이다. 예수님은 하나님 나라를 설교하셨고, 바울을 비롯한 사도들도 하나님 나라에 대해 설교했다. 특히 신약에서 복음과 하나님 나라는 같은 의미로 사용된다. 복음의 궁극적인 목적이 하나님 나라이기 때문이다.

> 일곱째 천사가 나팔을 불매 하늘에 큰 음성들이 나서 이르되 세상 나라가 우리 주와 그의 그리스도의 나라가 되어 그가 세세토록 왕 노릇 하시리로다 하니(계 11:15)

사실 하나님 나라는 매우 복잡하고 심오한 개념이다. 하나님 나라를 간단하게 설명하면 다음과 같다. 첫째, 하나님은 온 세상의 왕이시다. 둘째, 하나님 나라에 반란이 일어나고, 죄가 들어왔다. 셋째, 하나님은 자기 백성을 구원하시고 돌보신다. 넷째, 하나님이 자기 백성을 구원하시는 방식은 언약이다. 이런 시각으로 성경을 보는 것을, 하나님 나라 관점이라고 한다.

그렇다면 언약은 무엇인가? 간단하게 말해서 하나님이 사람과 맺으신 계약 또는 맹세다. 대표적인 언약에는 아담 언약, 노아 언약, 아브라함 언약이 있다. 하나님은 언약이라는 방식으로 자기 백성과

조약을 맺으시고, 언약을 이루심으로써 자기 백성을 구원하신다. 그리고 그들의 왕이 되시어 다스리시고 통치하신다. 이것이 하나님 나라이다.

그러니 성경을 읽을 때 하나님 나라가 어떻게 흘러가는지 보아야 한다. 창조는 하나님 나라의 시작, 타락은 하나님 나라의 오염, 예수 그리스도는 하나님 나라의 회복, 최후심판은 하나님 나라의 완성이다.

> 또 천국은 마치 바다에 치고 각종 물고기를 모는 그물과 같으니 그물에 가득하매 물 가로 끌어 내고 앉아서 좋은 것은 그릇에 담고 못된 것은 내버리느니라 세상 끝에도 이러하리라 천사들이 와서 의인 중에서 악인을 갈라 내어(마 13:47-49)

바다에는 수많은 물고기가 있다. 그중에 언약의 그물에 걸린 물고기들이 있다. 그들이 바로 교회다. 그런데 하나님은 그물에 걸린 물고기 중에서 좋은 것과 못된 것을 구별하신다. 청함을 받은 자는 많지만 택함을 받은 자는 많지 않다.

기억하라! 하나님은 지금도 우리와 맺은 언약을 신실하게 이행하고 계시며 우리에게도 언약의 세부사항을 요구하신다는 것을.

관주 읽기

신약과 구약을 오가면서 예언과 성취, 그림자와 실체, 모형과 본체에 대한 개념을 정리해야 한다. 예를 들어 예수님은 민수기에 나오는 구리 뱀이 자신의 모형이라고 하셨다.

> 모세가 광야에서 뱀을 든 것 같이 인자도 들려야 하리니 (요 3:14)

구약 성경을 읽을 때는, 비유와 예표들이 무엇을 의미하는지 이해하고 정리해야 한다. 사실 그것들 대부분은 예수님을 예표하는 것들이다. 구약에서는 예수님이 희미하게 보이고, 신약에서는 예수님이 선명하게 보인다. 그래서 성경의 역사는 점진적이다. 조금씩 조금씩 구체화된다.

예를 들어 구약에는 할례라는 의식이 있었다. 할례는 하나님의 백성으로 가입하는 의식이다. 할례는 신약에 들어와서 세례로 대체되었다. 세례는 예수님의 피로 죄 사함 받았음을 보여주는 의식이다. 따라서 구약의 할례는 예수님을 희미하게 보여주는 의식이었다.

구약의 유월절도 마찬가지다. 유월절은 하나님의 은혜를 되새기는 거룩한 식사다. 유월절은 신약에 들어와서 성찬으로 대체되었다. 성찬은 십자가에서 찢겨진 예수님의 살과, 십자가에서 흘리신 예수님의 피를 보여주는 의식이다. 따라서 유월절은 예수님을 희미하게 보여주는 의식이었다. 그러므로 성경을 다음과 같이 정리할 수 있다. 구약은 예언의 책이고, 신약은 성취와 완성의 책이다. 역사는 예언, 성취, 완성의 순서로 진행된다.

성경 어느 곳을 보더라도 예언, 성취, 완성. 이 세 가지가 보여야 한다. 그래야 해석의 안전한 울타리를 만들 수 있다. 신약은 구약을 토대로 기록되었기 때문에, 구약의 이미지를 이해하지 못하면 신약의 이미지를 이해하기 어렵다. 반면 구약을 잘 이해하면 신약도 쉽게 이해된다.

요한계시록은 대부분 그림 언어로 되어 있다. 예를 들어 계시록 6장에는 검은 말이 등장한다. 이 이미지는 어디서 온 것일까? 레위기 26장이다.

> 셋째 인을 떼실 때에 내가 들으니 셋째 생물이 말하되 오라 하기로 내가 보니 검은 말이 나오는데 그 탄 자가 손에 저울을 가졌더라(계 6:5)

> 내가 너희가 의뢰하는 양식을 끊을 때에 열 여인이 한 화덕에서 너희 떡을 구워 저울에 달아 주리니 너희가 먹어도 배부르지 아니하리라(레 26:26)

이처럼 구약의 레위기를 알아야, 신약의 계시록을 이해할 수 있다. 이뿐만이 아니다. 요한계시록 15장은 출애굽기 15장을 배경으로 하고 있다.

> 이 때에 모세와 이스라엘 자손이 이 노래로 여호와께 노래하니 일렀으되 내가 여호와를 찬송하리니 그는 높고 영화로우심이요 말과 그 탄 자

를 바다에 던지셨음이로다(계 15:1)

또 내가 보니 불이 섞인 유리 바다 같은 것이 있고 짐승과 그의 우상과
그의 이름의 수를 이기고 벗어난 자들이 유리 바다 가에 서서 하나님의
거문고를 가지고 하나님의 종 모세의 노래, 어린 양의 노래를 불러 이르
되 주 하나님 곧 전능하신 이시여 하시는 일이 크고 놀라우시도다 만국
의 왕이시여 주의 길이 의롭고 참되시도다(계 15:2-3)

이스라엘이 홍해에서 모세의 노래를 불렀듯이, 유리 바다에서 예
수 그리스도를 찬양하는 노래를 부를 것이다.

삼위일체 읽기 (1)

우리가 성경을 통해 궁극적으로 알아야 할 것은 삼위로 계신 하나님일 것이다. 하나님은 단수로 존재하실까? 복수로 존재하실까? 성경은 시작부터 하나님이 1인칭 복수로 존재하신다고 말한다.

> 태초에 하나님이 천지를 창조하시니라 땅이 혼돈하고 공허하며 흑암
> 이 깊음 위에 있고 하나님의 영은 수면 위에 운행하시니라(창 1:1-2)

이 구절을 통해 삼위 하나님이 각각 구분된다는 사실을 알 수 있다. 창조가 삼위 하나님의 협동 사역임도 알 수 있다.

> 하나님이 이르시되 우리의 형상을 따라 우리의 모양대로 우리가 사람
> 을 만들고 그들고 바다의 물고기와 하늘의 새와 가축과 온 땅에 기는 모
> 든 것을 다스리게 하자 하시고(창 1:26)

이 말씀처럼 하나님은 1인칭 단수인 '나'로 계시지 않고, 1인칭 복수인 '우리'로 존재하신다. 한 분 하나님 안에, 구별된 세 위격이 있다. 그림으로 나타내면 다음과 같다.

성부, 성자, 성령 모두 하나님이시다. 하지만 성부는 성자가 아니며, 성자는 성령이 아니고, 성령은 성부가 아니다. 이것이 삼위일체

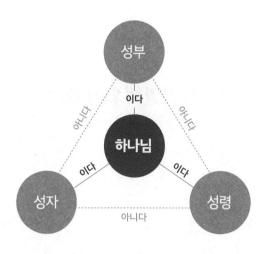

교리의 핵심이다.

하나이면서 셋이고, 셋이면서 하나인 것을 우리의 이성으로는 이해할 수 없다. 그래서 삼위일체는 신비에 싸여 있다. 그런 점에서 삼위 하나님은 진정한 하나님이시다. 만약 우리가 다 이해할 수 있고 파악할 수 있다면, 그 분은 참된 하나님이라 할 수 없을 것이기 때문이다. 성부의 주된 사역은 구원을 계획하는 일이다. 성부는 창세 전에 우리의 구원을 계획하셨다. 성자의 주된 사역은 구원을 이루는 일이다. 성자는 이천 년 전에 십자가 위에서 우리의 구원을 이루셨다. 성령의 주된 사역은 구원을 적용하는 일이다. 성령은 우리에게 믿음을 주셔서, 성부께서 계획하시고 성자께서 이루신 구원이 우리에게 적용되게 하셨다.

따라서 우리는 성경을 읽을 때, 삼위일체 교리를 가지고 보아야 한다. 만약 하나님의 이름이 단독으로 등장한다면, 그 하나님은 삼위 하나님을 의미하는 것이다. 하지만 성부, 성자, 성령의 이름이 각각 등장한다면, 그때는 구별해서 이해해야 한다.

삼위일체 읽기 (2)

삼위일체 근거 구절 중에 가장 유명한 구절은 마태복음 28장이다.

> 그러므로 너희는 가서 모든 민족을 제자로 삼아 아버지와 아들과 성령
> 의 이름으로 세례를 베풀고 내가 너희에게 분부한 모든 것을 가르쳐 지
> 키게 하라 볼지어다 내가 세상 끝날까지 너희와 항상 함께 있으리라 하
> 시니라(마 28:19-20)

만약 단 한 편의 설교만 할 수 있다면, 필자는 주저 없이 '삼위일
체'를 설교할 것이다. 성경에서 가장 중요한 교리가, 삼위일체 교리
이기 때문이다. 삼위의 신성에 대해 잘못된 지식을 가지고 있다면,
그 사람은 하나님은 전혀 모른다고까지 말할 수 있기 때문이다.

> 그는 근본 하나님의 본체시나 하나님과 동등됨을 취할 것으로 여기지
> 아니하시고(빌 2:6)

이 구절을 통해서는 무엇을 알 수 있는가? 삼위 하나님 사이에 서
열의 차이가 없음을 알 수 있다. 삼위 하나님은 본질과 능력이 동등
하심을 알 수 있다. 다만 성자께서 우리를 구원하시기 위해 자신을
낮추신 것이고, 그런 성자를 다시 성부께서 높이신 것이다.

곧 하나님 아버지의 미리 아심을 따라 성령이 거룩하게 하심으로 순종
함과 예수 그리스도의 피 뿌림을 얻기 위하여 택하심을 받은 자들에게
편지하노니 은혜와 평강이 너희에게 더욱 많을지어다(벧전 1:2)

삼위 하나님의 구원 사역이 한 눈에 보이지 않는가? 이미 만세 전
에 인류가 시작하기도 전에 성부 하나님은 구원 받을 자들을 미리
선택하셨다. 그들을 구원하시기 위해 성자 하나님은 기꺼이 인간의
몸을 입으시고 십자가에서 구원을 성취하셨다. 성령 하나님은 예수
를 믿게 하심으로써 선택받은 자들의 구원을 이루셨다.

이 세 분의 역할 중 단 하나라도 문제가 생기면 우리의 구원은 물
거품처럼 사라지게 된다. 만약 성부가 우리를 택하시지 않았다면,
성자가 십자가를 지지 않았다면, 성령이 믿음을 주시지 않았다면,
우리의 구원은 물거품처럼 사라졌을 것이다.

따라서 삼위일체의 관점을 가지고 성경을 보아야만, 성경의 진정
한 의미를 알 수 있다. 하나님의 창조, 우리의 구원, 세상의 종말, 모
두 다 삼위 하나님의 사역이기 때문이다.

순교적 읽기 (1)

성경 읽기에 번번이 실패하는 이유 중 하나는, 죽지 않기 때문이다. 자기를 부인하기 위해 성경을 읽지 않고, 자기만족을 위해 성경을 읽기 때문이다. 순교적 읽기라는 말이 조금은 생소하고 과격하게 느껴질 수 있다. 하지만 필자는 성경 읽기의 궁극적 목표가 순교적 성경 읽기라고 생각한다.

순교에는 두 가지가 있다. 백색 순교와 적색 순교이다. 백색 순교와 적색 순교는 다음과 같이 구별된다.

> 형제들아 내가 그리스도 예수 우리 주 안에서 가진 바 너희에 대한 나의
> 자랑을 두고 단언하노니 나는 날마다 죽노라(고전 15:31)

이것은 백색 순교다. 여기서 말하는 죽음은 실제 죽음이 아니라, 자기를 부인하는 것을 말한다.

> 내가 달려갈 길과 주 예수께 받은 사명 곧 하나님의 은혜의 복음을 증언
> 하는 일을 마치려 함에는 나의 생명조차 조금도 귀한 것으로 여기지 아
> 니하노라(행 20:24)

이것은 적색 순교다. 여기서 말하는 죽음은 실제 죽음이다. 한 군

데 더 예를 들어 보겠다.

> 볼지어다 내가 네 앞에 열린 문을 두었으되 능히 닫을 사람이 없으리라 내가 네 행위를 아노니 네가 작은 능력을 가지고서도 내 말을 지키며 내 이름을 배반하지 아니하였도다(계 3:8)

이것은 백색 순교다. 여기서 말하는 죽음은 실제 죽음이 아니라, 고난 속에서 믿음을 지키는 것을 말한다.

> 네가 어디에 사는지를 내가 아노니 거기는 사탄의 권좌가 있는 데라 네가 내 이름을 굳게 잡아서 내 충성된 증인 안디바가 너희 가운데 곧 사탄이 사는 곳에서 죽임을 당할 때에도 나를 믿는 믿음을 저버리지 아니하였도다(계 2:13)

이것은 적색 순교다. 여기서 말하는 죽음은 실제 죽음이다.

그런데 백색 순교와 적색 순교를 구별할 수 있을까? 사실상 둘은 같은 것이다. 백색 순교를 할 수 없는 사람은 적색 순교도 할 수 없기 때문이다. 사실상 적색 순교는 백색 순교의 연장선에 있기 때문이다. 기억하라. 사단의 목표는 순교자가 아니라 배교자를 만드는 것이다.

순교적 읽기 (2)

> 인자야 너는 이스라엘의 예언하는 선지자들에게 경고하여 예언하되
> 자기 마음대로 예언하는 자에게 말하기를 너희는 여호와의 말씀을 들
> 으라 주 여호와의 말씀에 본 것이 없이 자기 심령을 따라 예언하는 어리
> 석은 선지자에게 화가 있을진저(겔 13:2-3)

두 번이나 반복되는 말이 무엇인가? '자기 마음'이다. '자기 부인'을 해야 하는데 자기 마음, 자기 만족, 자기 생각을 설교한다. 말씀 속에서 자신의 자아와 왜곡된 생각이 죽지 않고 설교에 그대로 반영된 모습이다. 더 큰 문제는 순교하지 않는 설교는 성도들도 순교하지 않는 삶을 살게 만든다는 것이다. 오늘날, 물론 예전부터 그랬지만 왜 그렇게 거짓 선지자와 가짜 복음이 이렇게 판을 치고 있는가? 답은 간단하다.

오늘날 카페가 왜 이리 많은가? 찾는 이가 많기 때문이다. 수요가 많기에 공급이 늘어나는 것이다. 오늘날 거짓 예언과 거짓 설교가 넘쳐나는 것은 자기 만족에 빠진 성도들이 많기 때문이다.

> 때가 이르리니 사람이 바른 교훈을 받지 아니하며 귀가 가려워서 자기
> 의 사욕을 따를 스승을 많이 두고 또 그 귀를 진리에서 돌이켜 허탄한

오늘날 목회자들이 넘어야 할 마지막 고비가 아닐까 싶다. 해서 말씀을 전하는 자나 듣는 자는 이 사실을 마음에 새겨야 한다. 말씀 앞에서 내가 죽지 않으면 진리를 죽이는 자가 된다는 것을! 내가 죽지 않으면 우리는 진리를 죽이는 살인자가 되는 것이다. 성경 읽기의 마지막 단계는 자기만족이 아니라 자기 부인 즉, 백색 순교를 준비하는 것이다.

그렇다면 성경을 읽기를 통해 백색 순교하는 방법은 무엇인가? 우리가 늘 듣던 말이고, 잘 아는 내용이다.

> 우리의 싸우는 무기는 육신에 속한 것이 아니요 오직 어떤 견고한 진도 무너뜨리는 하나님의 능력이라 모든 이론을 무너뜨리며 하나님 아는 것을 대적하여 높아진 것을 다 무너뜨리고 모든 생각을 사로잡아 그리스도에게 복종하게 하니 너희의 복종이 온전하게 될 때에 모든 복종하지 않는 것을 벌하려고 준비하는 중에 있노라(고후 10:4-6)

무너뜨리는 것과 복종하는 것이 평행을 이루고 있다. 따라서 둘은 같은 말이다. 우리는 매일 무너뜨려야 한다. 매일 세수하고, 양치하고, 샤워하고, 밥을 먹듯이 이 작업은 평생 해야 할 일이고, 가장 먼저 해야 할 일이다.

균형 있게 읽기

여기서 말하는 균형은 스스로 읽는 것과 지도자의 해설을 듣는 것을 말한다. 즉 읽기와 듣기, 개인과 공동체의 균형을 말한다.

> 베뢰아에 있는 사람들은 데살로니가에 있는 사람들보다 더 너그러워
> 서 간절한 마음으로 말씀을 받고 이것이 그러한가 하여 날마다 성경을
> 상고하므로(행 17:11)

베뢰아교회는 바울의 설교를 듣고 성경을 깨달았다. 그뿐만이 아니라 개인적으로 성경을 상고하며 정리했다. 우리도 마찬가지다. 읽고, 듣고, 배우는 것을 넘어 반드시 개인적으로 정리하고 묵상하고 적용해야 한다.

필자의 생각에는 성경 읽기에 관해 세 가지 그룹이 존재한다. 첫 번째 그룹은 설교를 듣기만 하는 사람들이다. 물론 이것이 잘못되었다는 말은 아니다. 설교를 듣는 일은 매우 중요하기 때문이다. 그런데 이런 부류의 사람들은 설교자가 잘못될 경우, 함께 잘못될 위험이 있다. 두 번째 그룹은 설교도 듣고, 성경도 읽는 사람들이다. 이런 사람들은 설교자가 잘못되어도 크게 흔들리지 않는다. 성경을 통해 분별할 수 있기 때문이다.

세 번째 그룹은 설교를 듣고, 성경을 읽을 뿐만 아니라 성경을 연구하는 사람들이다. 성경을 읽는 것으로 끝내지 않고, 성경을 마음에 새기기 위해서, 성경을 실천하기 위해서 노력하는 사람들이다. 이런 사람들이야말로 성경을 먹는 사람들이다. 성경을 진정으로 아는 사람들이다. 하나님과 동행하는 사람들이다.

성경 읽기 레벨

　이상하게 들릴 수도 있지만, 성경 읽기에는 레벨이 있다. 몇 군데만 살펴보자.

> 너희가 듣는 것이 둔하므로 설명하기 어려우니라 때가 오래 되었으므로 너희가 마땅히 선생이 되었을 터인데(히 5:11-12)

　히브리서 기자는 듣는 일에 둔한 사람이 있다고 말한다. 그러면서 동시에 그들이 신앙 생활을 오래 했다고 말한다. 지금도 마찬가지다. 오랫동안 신앙생활을 했지만, 성경에 무지한 사람이 있다. 믿음을 가진지 오래되었지만, 하나님에 대한 지식이 부족한 사람들이 있다. 오랫동안 교회를 다니면서도 성경을 마음에 새기는 노력, 성경을 실천하는 노력에 게을렀기 때문이다.

　직분을 가진 자들도 마찬가지다. 직분이 신앙을 보장해 주지 않는다.

> 알렉산드리아에서 난 아볼로라 하는 유대인이 에베소에 이르니 이 사람은 언변이 좋고 성경에 능통한 자라 그가 일찍이 주의 도를 배워 열심으로 예수에 관한 것을 자세히 말하며 가르치나 요한의 세례만 알 따름이라 그가 회당에서 담대히 말하기 시작하거늘 브리스길라와 아굴라가

아볼로는 목사고, 브리스길라와 아굴라는 평신도다. 아볼로는 많이 배우고, 성경에 능한 자이지만 깊이 있게 깨닫지 못했다. 소위 읽기만 하고 맛을 보지 못한 자다. 해서 평신도인 브리스길라와 아굴라가 아볼로를 데려다가 "더 정확하게 풀어서" 가르친다.

만약 아볼로가 브리스길라와 아굴라 부부를 만나지 않았다면, 그들과 함께 성경을 공부하지 않았다면, 아볼로는 자신의 지식이 전부라고 생각했을 것이다. 그러므로 성경은 공동체와 함께 읽어야 한다. 함께 읽고 함께 자라야 한다. 그래서 성경은 다음과 같이 말한다.

> 너희도 성령 안에서 하나님이 거하실 처소가 되기 위하여 그리스도 예수 안에서 함께 지어져 가느니라(엡 2:22)

마라나타

성경은 하나님의 말씀을 기록한 책이다. 하나님의 말씀은 구전으로 내려오는 것이 아니다. 이미 완성되었다. 완성되었기에 뭔가를 더하거나 뺄 필요가 없다. 성경은 성경 그 자체로 권위를 가지고 있다.

성경은 뭔가를 강조할 때 반복이라는 문학적 기법을 사용한다. 누가 봐도 "아! 이 본문이 이것을 강조하고 있구나!" 알아차리도록 반복하여 그 중요성을 강조한다. 어느 날 문득 궁금한 점이 생겼다. 성경의 결론을 내리는, 성경의 마지막 책, 마지막 장에서는 과연 무엇을 강조하고 있을까? 우리가 잘 아는 '마라나타'가 있는 본문이다.

> 7 보라 내가 속히 오리니 이 두루마리의 예언의 말씀을 지키는 자는 복
>   이 있으리라 하더라
> 9 그가 내게 말하기를 나는 너와 네 형제 선지자들과 또 이 두루마리의
>   말을 지키는 자들과 함께 된 종이니 그리하지 말고 하나님께 경배하
>   라 하더라
> 10 또 내게 말하되 이 두루마리의 예언의 말씀을 인봉하지 말라 때가
>   가까우니라
> 18 내가 이 두루마리의 예언의 말씀을 듣는 모든 사람에게 증언하노니
>   만일 누구든지 이것들 외에 더하면 하나님이 이 두루마리에 기록된
>   재앙들을 그에게 더하실 것이요

19 만일 누구든지 이 두루마리의 예언의 말씀에서 제하여 버리면 하나
님이 이 두루마리에 기록된 생명나무와 및 거룩한 성에 참여함을 제
하여 버리시리라
20 이것들을 증언하신 이가 이르시되 내가 진실로 속히 오리라 하시거
늘 아멘 주 예수여 오시옵소서

두루마리라는 단어가 모두 일곱 번 반복된다. 성경에서 일곱은
주로 완전함을 의미한다. 따라서 이것은 성경이 완성된 책이며, 완
전한 책이라는 것을 강조하는 것이다. 그리고 우리가 잘 아는 "아멘
주 예수여 오시옵소서"라는 말로 끝난다.

성경의 마지막 책인 계시록은, 완전한 말씀을 의미하는 일곱 개
의 두루마리로 끝난다. 이것은 주님의 재림을 기다리는 신자의 삶
이, 성경 중심의 삶이어야 한다는 뜻이다. 성경을 가장 중요하게 여
기며, 읽고 또 읽는 삶을 살아야 한다는 것이다. 성경을 읽을 뿐만
아니라, 성경을 살아내는 삶을 살아야 한다는 것이다.

누가 "마라나타! 아멘 주 예수여 오시옵소서!" 라고 힘차게 고백
할 수 있는가? 기록된 하나님의 말씀을 붙들고 사는 자들이다. 성경
을 읽고 말씀 체질이 된 자들이다. 바로 이들이 말세를 살아가는 자
들이다. 성경 읽기가 중단된 자들이여! 다시 집어 들고 읽기를 시작
하라! 마라나타!!